L'OPPIDUM DE BIBRACTE

L'OPPIDUM DE BIBRACTE

Copyright © 2022 by Culturea
Édition : Culturea 34980 (Hérault)
Impression : BOD - In de Tarpen 42, Norderstedt (Allemagne)
ISBN : 9782382743232
Dépôt légal : Octobre 2022

L'OPPIDUM DE BIBRACTE

GUIDE HISTORIQUE ET ARCHÉOLOGIQUE AU MONT BEUVRAY D'APRÈS LES DOCUMENTS ARCHÉOLOGIQUES LES PLUS RÉCENTS.

Jacques-Gabriel Bulliot

GUIDE DU BEUVRAY

Le mont Beuvray, situé à 25 kilomètres d'Autun, occupe la pointe méridionale de la chaîne du Morvan, à laquelle il n'est relié que par le col de L'Echeneaux, placé à 255 mètres au-dessous de sa cime. Les nombreuses sources auxquelles il donne naissance forment autour de sa base un fossé profond de 20 kilomètres de circonférence ; les montagnes, qui sont derrière lui, atteignent les Vosges à l'est et se prolongent jusqu'aux extrémités de l'Armorique ; l'Yonne, affluent de la Seine, naît à ses pieds : le massif de 800 à 900 mètres d'élévation — dont il occupe un des sommets — forme donc le point d'intersection des trois principaux bassins de la Gaule centrale : ceux de la Loire, de la Seine et de la Saône.

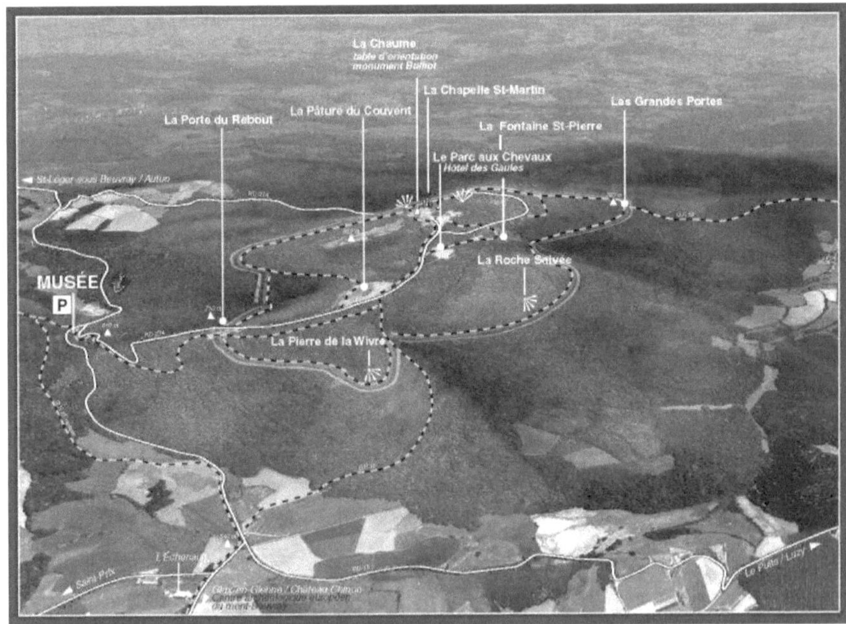

Sur le faîte de cette montagne, aujourd'hui en partie boisée, s'élevait jadis une des plus importantes cités de la Gaule : BIBRACTE — la capitale des Éduens, l'*oppidum maximæ auctoritatis* de César, le Φρουριον Βιβρακτα de Strabon — dont le nom a persisté dans le *Biffractum* des chartes et dans celui de Beuvray.

L'occupation d'une pareille place expliquerait, à elle seule, l'influence des Éduens sur les nations limitrophes. Bibracte, du haut de ses plateaux, présentait le front à chacune d'elles, et pouvait lancer à son gré des bandes dans leurs vallées qui s'ouvraient à ses pieds, ou les replier en cas d'insuccès dans ses retranchements inexpugnables.

Si l'on songe aux conditions physiques où se trouvait la Gaule, à ces guerres permanentes qui faisaient de ce pays un vaste champ clos, dans lequel les tribus n'étaient occupées qu'à s'attaquer ou à se défendre, à soutenir ou à entreprendre des sièges, on doit convenir qu'il n'existe, sur aucun point du territoire Éduen, un lieu plus merveilleusement approprié que le mont Beuvray aux exigences d'un état de choses aussi violent.

Avant de décrire les diverses parties de l'*oppidum* de Bibracte, mises à jour par les fouilles de ces dernières années, nous essaierons de retracer brièvement l'histoire de cette forteresse dont la destinée se liait à celle d'une puissante cité, et qui fut, pendant de longs siècles, l'instrument de son salut et de sa grandeur.

I. — APERÇU SUR L'HISTOIRE DE BIBRACTE.

Des haches de bronze et quelques flèches en silex sont les premiers indices du séjour de l'homme sur la montagne de Beuvray. A cette preuve archéologique de l'ancienneté de la station, il convient d'en ajouter une autre empruntée aux traditions religieuses : le culte des eaux et des fontaines — le plus ancien de tous avec celui du feu — a laissé, en effet, sur la montagne (où il fut apporté par les races d'émigrants venus d'Asie) des traces qu'on ne saurait méconnaître et qui jusqu'ici ont résisté à toutes les révolutions. La persistance de ce culte au *même* lieu, aux mêmes époques — et suivant les mêmes rites que l'on voit observer encore aujourd'hui sur les bords du Gange et de l'Indus, s'explique difficilement si l'on n'admet point que *dès les temps les plus reculés* le mont Beuvray a été fréquenté comme un lieu de pèlerinage, et que les coutumes dont nous parlons puisent leur vitalité dans la profondeur des âges.

La position escarpée de la montagne dut en faire, à l'origine, un refuge pour les populations de chasseurs et de pasteurs nomades qui occupaient le pays ; d'autre part, la fête religieuse des sources du Beuvray fut un puissant appât pour les industries qui trouvaient en même temps, dans cette position retranchée, la sécurité indispensable à leur travail, et l'écoulement facile de leurs produits.

Les arts et l'industrie des Gaulois éduens restèrent à l'état rudimentaire jusqu'à l'époque où des peuples plus civilisés — les Carthaginois et surtout les Marseillais — entrèrent en communication avec eux par les deux grandes voies fluviales du Rhône et de la Saône1.

Il serait difficile de fixer la date de ces premières communications (que l'histoire a enregistrées à une époque relativement récente) ; nous savons seulement que, 123 ans avant Jésus-Christ, les Marseillais mirent les Éduens en rapport avec Rome et obtinrent pour eux le titre de *frères du peuple romain*.

A l'époque dont nous parlons (un siècle environ avant l'ère chrétienne) la Gaule était divisée en clans restreints, sans lien entre eux, sans littérature, et sans art proprement dit, presque sans écriture — puisqu'il était défendu aux druides de s'en servir pour conserver l'histoire et les dogmes. — Les Éduens étaient pourtant en pleine prospérité, sous le rapport matériel. Nous n'en voulons pour preuve que l'état de l'impôt et les entreprises financières de certains chefs éduens — dont l'un, Dumnorix, fermier de tous les péages de la cité, ne voyageait jamais sans avoir trois cents chevaux à sa suite. — L'agriculture était très avancée ; l'emploi de la marne et de la chaux pour amender les terres — invention gauloise ou grecque — avait plus que doublé la fertilité des champs. *Ædui calce uberrimos fecere agros2.* Quant au bétail, il était nombreux et nourri dans de vastes pâtures, situées quelquefois dans l'intérieur même des oppidum.

Cet état de prospérité fut sérieusement troublé dans le siècle qui précéda l'ère chrétienne par les luttes des Éduens avec les Arvernes, les Séquanais et surtout les Germains, appelés par ces derniers.

---

1 L'influence grecque dans les poteries et dans les quelques objets de métal trouvés dans les fouilles du Beuvray, est tellement évidente qu'il n'est pas possible de supposer aux Éduens d'autres instituteurs dans les arts que les Grecs et les Marseillais.

2 Ce passage de Pline, quoique postérieur de plus de cent ans à l'époque dont nous parlons, n'en est pas moins probant, car plusieurs des espèces de marne que cite cet auteur ont des noms gaulois.]

Les Éduens, trop faibles contre tant d'ennemis réunis, furent écrasés à la bataille de *Magetobria*, dans laquelle leur noblesse périt presque toute entière. Il fallut livrer des otages, et payer des tributs onéreux pour obtenir la paix. Le druide Divitiacus refusa seul de souscrire à l'humiliation de sa cité, et se réfugia à Rome, où il fut l'hôte de Cicéron. Introduit dans le sénat — il parla debout, à la mode gauloise et par interprète, appuyé sur un bouclier orné de diverses couleurs — qui pour nous était un bouclier *émaillé*[1]. L'éloquence de Divitiacus n'obtint qu'un médiocre succès. Ce n'est que lorsque les Helvètes menacèrent la province romaine que la sympathie des Romains, éveillée par leur intérêt, leur remit en mémoire la demande de secours de leurs *frères* éduens.

On connaît l'histoire de cette campagne où Bibracte est nommée pour la première fois. César, manquant de vivres, se détourna de la route que suivaient les Helvètes et prit celle de Bibracte, pour ravitailler son armée qui était alors distante de cette ville d'environ dix-huit milles — *quod a Bibracte... non amplius millibus passuum XVIII aberat*[2]. Les ennemis, croyant que les Romains s'éloignaient d'eux par crainte, revinrent sur leurs pas, et engagèrent l'action où ils furent — comme on sait — taillés en pièces.

Après cette bataille — dite de Bibracte — les Éduens, malgré leurs divisions intestines, marchèrent d'accord avec les Romains. Leur cavalerie, commandée par Divitiacus, combattit même dans leurs rangs au nord de la Gaule lors de l'insurrection des Rémois.

L'alliance dura jusqu'aux entreprises de Vercingétorix. A ce moment, un parti puissant dans la cité éduenne cherchait à la détacher des Romains ; le vergobret venait d'être élu et il avait fallu l'intervention de César pour pacifier les esprits et fixer le choix du magistrat suprême, mais la cité n'en continuait pas moins à être travaillée par des factions rivales. La cavalerie éduenne, sous les ordres de Litavie et de ses frères, s'étant mise en marche pour rejoindre César au siège de Gergovie, les chefs résolurent de faire passer leurs troupes non à l'attaque mais à la défense de la place. César, informé de ces menées, déjoua le complot : Litavie — l'un des auteurs de la conspiration — put seul échapper aux Romains et passa à l'ennemi — avec son escorte ; car, dit l'auteur des *Commentaires*, *il est sans exemple qu'un client gaulois abandonne son chef en péril de mort*.

L'échec des Romains au siège de Gergovie fut un encouragement pour le parti qui leur était hostile, et l'insurrection s'étendit par toute la Gaule.

Après la levée du siège et tandis que César descendait la rive gauche de la Loire pour rallier Labienus, Litavie gagna rapidement la route de Bibracte, et fut reçu par les Éduens : — *Litavicum Bibracte ab Eduis receptum*[3]. — Le vergobret et le sénat ne tardèrent point à l'y rejoindre.

César apprit cette nouvelle avec une inquiétude qui perce à travers son style, en dépit de sa concision, et, comme pour se justifier de ne point marcher sur Bibracte, il prononça ces mots qui marquent bien la position imprenable de cette forteresse et l'impossibilité d'un siège : *Bibracte... quod est apud cos oppidum maximæ autoritatis*[4].

---

[1] Voir ce qui est relatif à l'émaillerie gauloise au paragraphe de la Come-Chaudron.
[2] Cæsar, *Bell. Gall.*, I, 22.
[3] Cæsar, *Bell. Gall.*, VII, 55.
[4] Cæsar, *Bell. Gall.*, VII, 55.

Au même moment, Vercingétorix accourait aussi à Bibracte pour entraîner définitivement la cité dans son parti. L'assemblée générale des chefs gaulois y fut convoquée : — *Totius Galliæ concilium Bibracte indicitur*[1].

Le chef Arverne, acclamé par la foule, fut placé par l'enthousiasme populaire à la tête de toutes les forces réunies de la Gaule, malgré l'opposition des chefs éduens, humiliés de voir leur cité obéir à un étranger. Ils fournirent, néanmoins, leur contingent pour la défense d'Alésia, mais la conduite de plusieurs d'entre eux, faits prisonniers par les Romains, a laissé subsister des doutes sur leur fidélité à la cause nationale.

Après la prise d'Alésia, César rendit aux Éduens leurs prisonniers et vint lui-même hiverner à Bibracte : — *Ipse Bibracte hicmare constituit*[2].

Il était occupé à y rendre la justice, lorsqu'il apprit que les Bituriges préparaient une nouvelle insurrection. Ne voulant pas laisser à l'ennemi le temps d'organiser ses forces, il quitta Bibracte la veille des kalendes de janvier : — *Pridie kalendas januarias a Bibracte proficisitur*[3], — avec une faible escorte de cavalerie : — *cum manu equitatis*, — et laissant Marc-Antoine à la garde des bagages, il rallia la XIe légion campée dans le voisinage : — *quæ proxima erat*, — et la XIIIe qui occupait la limite entre les Éduens et les Bituriges. L'ennemi, pris à l'improviste, fut complètement défait. La conquête de la Gaule était achevée.

Il ne paraît point que César soit revenu à Bibracte, du moins ni lui ni ses historiens n'en ont fait mention. La forteresse est nommée encore une fois par Strabon, quelques années plus tard, à une date difficile à préciser : Les Éduens — dit ce géographe — ont une ville, Chalon-sur-Saône, et une forteresse, Bibracte.

L'organisation nouvelle donnée à la Gaule par Auguste semble avoir décidé de la suppression de l'ancien oppidum. Rome ne voulut pas laisser entre les mains d'une population toujours remuante une forteresse de cette importance qui, à un moment donné, pouvait offrir aux insurgés un point d'appui des plus solides.

Bibracte fut détruite avec Gergovie et remplacée comme elle par une ville de création romaine. Elles prirent l'une et l'autre le nom d'Auguste : *Augustodunum — Augustonemetum* ; — et Bibracte fut transportée à Autun, comme Gergovie à Clermont.

Les Romains — ces maîtres dans l'art de coloniser — ont fait usage assez fréquemment du moyen dont nous parlons, soit pour châtier une cité rebelle, soit pour briser les dernières résistances d'un pays récemment conquis.

Pausanias cite, entre autres, un grand nombre de villes grecques qu'Auguste, après la bataille d'Actium, dépeupla entièrement et dont il transporta les habitants dans d'autres cités, pour les punir d'avoir servi le parti d'Antoine.

En Gaule, la sévérité de la nouvelle administration transforma en peu de temps les populations indigènes et leur fit oublier jusqu'à leur langue[4].

---

[1] Cæsar, *Bell. Gall.*, VII, 63.
[2] Cæsar, *Bell. Gall.*, VII, 90.
[3] Hirtius, *Bell. Gall.*, VIII, 2.]
[4] Tandis que le fond de la nation française est de race celtique, la langue française n'a conservé qu'un nombre insignifiant de mots qui puissent être ramenés à une origine

Les anciennes forteresses furent détruites, et les récalcitrants tués, vendus à l'encan, ou transportés en masse.

Les quartiers industriels de Bibracte, les maisons de bois, les ateliers de forgerons et d'orfèvres ont été indistinctement brûlés ; les maisons en pierres, plus riches, ont été déménagées. Les matériaux de luxe — tels que les mosaïques — ou simplement utiles — tels que les placages en pierre calcaire — furent partout enlevés pour être employés, sans aucun doute, dans les constructions d'Augustodunum.

La nouvelle capitale fut bâtie — selon l'usage romain — avec une rapidité bien faite pour nous étonner, mais dont la création des cités américaines nous offre encore aujourd'hui l'exemple. En quelques mois — dit Viollet-le-Duc — les Romains créaient une ville, et il décrit leurs procédés.

L'intervalle de temps qui sépare l'époque où Strabon cite Bibracte, de celle où apparaît pour la première fois le nom d'Augustodunum dans Tacite, peut être évalué à un *maximum* de 25 années.

Les médailles fournissent d'ailleurs sur l'abandon de Bibracte et les commencements d'Augustodunum des renseignements qui concordent avec ceux de l'histoire.

Parmi les deux mille et quelques monnaies trouvées au Beuvray, les plus récentes sont le petit bronze frappé en Gaule au revers de l'autel de Lyon et la pièce gauloise de Germanus, fils d'Indutillus, qu'on regarde comme le petit-fils de l'Indutiomar des *Commentaires*.

Ces deux types, les derniers en date au mont Beuvray, sont les premiers qu'on rencontre à Autun[1].

La ruine de Bibracte et la somptuosité toujours croissante d'Augustodunum ne tardèrent point à faire oublier quelque peu la première de ces villes.

Attirées par la curiosité ou l'intérêt vers le nouveau centre qui réunissait l'administration, les écoles et le commerce, les populations ne connurent bientôt plus le vieil oppidum que par son pèlerinage et sa foire.

Eumène, à la fin du troisième siècle, cite Bibracte en passant, une fois encore, et comme à titre de mention historique. La désignation de Florentia, qu'il ajoute à son nom, semble elle-même indiquer que cette fête du printemps l'empêchait d'être entièrement oubliée[2].

Tel ne fut pourtant pas son sort, malgré les invasions barbares, qui portèrent le dernier coup à tout ce qui se rattachait aux anciens centres gaulois, confondus souvent, par la communauté d'un même désastre, avec les villes de création plus récente[3].

---

gauloise. Fait bien étrange et qui mieux encore que l'histoire politique montre combien fut absorbante la puissance romaine. (A. Brachet, *Grammaire historique*, p. 21.)

[1] Celui de Germanus est fort rare et ne se trouve que dans les quartiers pauvres.

[2] Voir pour la discussion de ce texte le remarquable travail de notre savant collègue, M. Roidot, président du tribunal d'Autun. (*Mémoires de la Société Éduenne*, t. I de la nouvelle série, p. 274.)

[3] On a identifié quelquefois la forteresse gauloise de Bibracte avec Augustodunum, ville essentiellement romaine. Edme Thomas, entre autres, n'admet pas que Bibracte Eduorum ait été placée sur ce petit désert qu'on appelle Beuvray. Si Beuvray était

Le nom de Bibracte fut conservé à la montagne, et se transforma peu à peu en celui de Beuvray qui — pour le philologue — est exactement le même.

Au seizième siècle, Gaucher, chanoine d'Autun, parlant de deux de ses amis qui se rendaient au Beuvray pour la foire du premier mercredi de mai, écrit ces mots : ... qui ibant Bibracte.

Jean Bouchet, dans ses *Chroniques d'Aquitaine*, parle de Libracte (sic)... qui était une petite ville d'Authun qu'on appelle de présent Beuvray.

Dans tout le bassin de l'Arroux les registres des paroisses mentionnent à la même époque : La Comelle-sous-Bibracte, St-Léger-sous-Bibracte, etc.

Le passage que le célèbre jurisconsulte Guy-Coquille consacre au mont Beuvray dans son *Histoire du Nivernais* est à citer en entier :

La montagne de Beuvray, en la cime de laquelle était l'ancienne Bibracte, est aujourd'hui en dedans le duché et pays de Nivernois...............

Il est vray-semblable que les plus anciennes villes, bâties après le déluge, ayent été mises ès-cimes des montagnes, et depuis, à cause de l'incommodité des lieux hauts, ayent été transférées en lieux plus bas et de plus facile accès ; ainsi les habitants de ce haut Beuvray se soient transférés au lieu ou est de présent Authun, et pour l'honneur d'Auguste César l'ayent nommé Augustodunum.

La tradition populaire, qui n'est pas moins explicite, témoignerait à elle-même, par son étonnante persistance à travers les âges, de la grandeur de l'antique Bibracte, et de sa situation, même en l'absence de textes écrits et de faits matériels :

En faisant visiter les terrassements qui enveloppent les différents sommets de la montagne, les paysans rapportent que : *là était autrefois la capitale de tout le pays... que la nuit on entend les charriots, les hommes et les chevaux courir sur les retranchements...* Ils montrent l'emplacement des portes qui, lorsqu'on les ouvrait le matin, criaient sur leurs gonds, de façon qu'on les entendait jusqu'à Nevers.

Sur les pentes abruptes qui conduisent à la montagne, il fallait — disent-ils encore — du temps de la *vieille ville*, cinq paires de bœufs pour monter un char. Ils ajoutent que la ville fut ruinée et montrent près du Beuvray un mamelon par lequel l'ennemi déboucha : une bergère aurait révélé le point vulnérable, et pour sa récompense, le chef des ennemis lui aurait percé le cœur d'un coup d'épée, dans la crainte qu'un repentir tardif ou une nouvelle indiscrétion n'avertît trop tôt les habitants que la trahison était consommée. Après la destruction de la ville, suivie d'un grand massacre, les survivants auraient quitté la montagne et fondé Autun.

---

l'antique Bibracte — s'écrie naïvement le bon chanoine — ne devrait-on pas y retrouver les traces de sa grandeur... des ruines de temples, de palais, de théâtres, de portiques, de pyramides, de sépulcres, de colonnes, de statues, d'aqueducs ?... etc. (Edme Thomas, *Histoire de l'antique cité d'Autun*, p. 11 de la nouvelle édition.) Les mœurs et les institutions gauloises mieux connues, l'étude de la numismatique locale, les recherches de la philologie moderne, l'exploration des retranchements du Beuvray, et surtout les fouilles poursuivies depuis tantôt dix ans, ont fait justice d'une erreur accréditée par des érudits qui rêvaient de villes gauloises bâties sur le modèle de Rome et d'Athènes.

Quand l'Histoire est muette, il faut se contenter de la Légende — tel est le cas présent — mais, hâtons-nous de le dire, celle-ci n'a rien d'invraisemblable ; en effet, bien que la première ne nous fournisse aucun détail sur la fin de Bibracte et les commencements d'Augustodunum, il est fort à croire que la forteresse éduenne ne fut point anéantie sans qu'il y ait eu quelques résistances de la part de la population indigène. D'un autre côté, il est à peu près démontré que de graves insurrections — dont les historiens ont à peine parlé — éclatèrent en Gaule avant le commencement de l'empire, et furent réprimées, avec une cruauté dont César n'avait que trop donné l'exemple.

Un détail fourni par la numismatique vient à l'appui de notre dire, car il accuse assez nettement l'impuissante rancune du peuple éduen contre Auguste, patron de la nouvelle cité et destructeur de l'ancienne.

Sur les lisières d'Augustodunum, dans les quartiers pauvres, voisins des remparts où la population des ouvriers gaulois semblait avoir été parquée, on a recueilli avec soin une grande quantité de médailles d'Auguste de tous les modules. Presque toutes ont le cou ou la face marquée d'un trait fait par un instrument tranchant. Nos antiquaires appellent ces pièces des Auguste à cou coupé.

L'usage de mutiler les pièces de monnaie, par haine du maître, date de loin, comme on le voit.

II. — REMPARTS ET PORTES DE L'OPPIDUM.

Les remparts de l'oppidum ont — depuis l'époque gauloise — toujours servi de limite pour les droits d'usage des populations. Ils suivent les mouvements naturels du terrain — comme ceux des plus anciennes villes grecques et italiennes — et descendent fréquemment dans les gorges, parmi les sinuosités des vallées qui déchirent les flancs de la montagne.

Cette dernière disposition était commandée par la nécessité de s'assurer la possession des sources et des petits réservoirs établis en aval, dont on a retrouvé les bassins parfaitement corroyés. Sur les pentes trop ardues pour y élever des habitations, les remparts remontent ; ils ont même parfois de deux à trois étages construits, selon la nécessité des lieux, soit pour défendre les chemins, soit pour mieux garantir certains points plus accessibles.

Le périmètre des fortifications embrasse environ 135 hectares sur une longueur de plus de cinq kilomètres, non compris les ouvrages avancés[1].

Les murs, fouillés sur plusieurs centaines de mètres, ont été reconnus exactement conformes à la description donnée par César de ceux d'Avaricum. Ils étaient formés de grillages superposés en poutres croisées, reliées entre elles à mi-bois et fixées par des chevilles de 25 à 35 centimètres de longueur.

Dans les explorations on a retrouvé les trous de poutres et nombre de fiches de fer encore en place.

Jusqu'ici on n'a encore exploré qu'une seule des Portes — celle du Rebout.

Elle se composait de deux bastions, entre lesquels passait la voie d'entrée, et dont l'un formait sur celui d'en face un angle saillant d'environ quarante mètres, du haut duquel on pouvait lancer des traits sur l'ennemi, en cas d'attaque de la porte.

Cette saillie, dont l'isolement eût pu créer un danger, était défendue elle-même par une espèce de tour rectangulaire établie de l'autre côté du chemin.

Chacun des deux bastions était lui-même couronné d'une tour en bois dont on a retrouvé les bases — de 11 mètres de côté — et les débris incendiés.

Un large fossé suivait la ligne des remparts jusqu'aux vallées voisines où il était remplacé par un terrassement dont la crête formait un chemin de ronde de 8 mètres de large qui longeait le pied de toute la circonvallation.

L'entrée de l'oppidum — comme dans certains châteaux du moyen âge — formait un couloir plus étroit que la voie, au fond duquel était le seuil des portes, resserré encore par deux fossés taillés dans le roc, suivant un profil très régulier. Ces fossés étaient établis pour créer une gêne aux assaillants et faciliter l'écoulement des eaux.

---

1 Bibracte est le plus grand oppidum gaulois conçu. Le mur païen de Sainte-Odile (Alsace), Alexia, Gergovie, ont à peine cent hectares de superficie.

III. — INTÉRIEUR DE L'OPPIDUM.

L'oppidum est traversé dans toute sa longueur par la grande voie de la *Croix du Rebout*. A l'extrémité du plateau triangulaire — dit du Champlain, — cette voie est rejointe par un embranchement qui part du hameau de l'*Echeneaux* et remonte la vallée de l'*Ecluse*.

La surface comprise dans l'intérieur de la couronne supérieure des remparts est partagée en trois régions bien distinctes, formées par trois plateaux, divisés par des vallées.

Le plateau supérieur — appelé LA TERRASSE — occupe une langue de terre très allongée parallèle au rempart du côté du levant. Du haut de ce plateau, la vue s'étend sur des espaces sans limites, au-delà du Puy-de-Dôme et du mont Blanc.

Le deuxième plateau, dit PARC AUX CHEVAUX, — inférieur au précédent de 10 à 12 mètres d'altitude, et séparé de lui par la vallée de la GOUTTE DAMPIERRE, — se termine au couchant par le *Theureau de la Roche*, monticule de grès qui domine d'une part le cours de la *Séglise* et de l'autre la VALLÉE DE L'ÉCLUSE, située entre ce plateau et celui du CHAMPLAIN.

Ce dernier, resserré entre deux vallées, forme une esplanade triangulaire au sud de laquelle s'élève un mamelon analogue à celui du Theureau de la Roche.

La vallée de LA COME-CHAUDRON sépare le Champlain des pentes escarpées qui montent à la pointe de la Terrasse où se trouve le *Porrey*, point culminant du Beuvray, à 820 mètres d'altitude au-dessus du niveau de la mer.

TERRASSE.

Ce plateau renferme le Temple, le Forum et le Champ de foire.

Temple et Forum.

Le temple du Beuvray — ainsi que le forum et autres dépendances qui l'entourent — parait avoir été créé uniquement en vue du pèlerinage et de la foire à l'époque où l'oppidum fut abandonné de gré ou de force par les populations qui l'habitaient.

Les substructions qu'on rencontre sur son emplacement ont révélé les traces d'installations antérieures remplacées par l'édifice cité plus haut[1].

Construit avec la solidité des travaux romains, ce temple était flanqué de trois autres constructions au nord, à l'ouest et au sud.

La partie qui regarde le levant comprenait un très gros mur à hauteur d'appui, qui soutenait tout le terrassement du plateau et laissait la vue libre de ce côté.

Au nord et à l'ouest étaient des boutiques marchandes ; au sud le logement des bestiaux et la boucherie, dépendance obligée du temple.

Une rangée de boutiques — à l'usage des marchands qui se rendaient à la foire — longeait les vieux côtés de la grande voie, séparée d'elle par un trottoir et un portique couvert.

------

[1] Ce temple était vraisemblablement dédié à la Dea Bibracte, fée des sources du Beuvray.

Le temple était entouré d'un portique semblable à celui des boutiques. Il se composait de deux parties : d'un *pronaós* ou vestibule de 7 à 8 mètres de côté, et d'une *cella* surélevée, plus étroite que le vestibule auquel elle faisait suite.

Quand le christianisme pénétra dans les montagnes du Morvan, le temple du Beuvray fut transformé en chapelle ; mais la partie la plus ancienne — c'est-à-dire le vestibule — fut seule conservée. La *cella*, où étaient les idoles, fut entièrement rasée ; car on sait que les premiers apôtres n'admettaient pas que les sacrés mystères soient célébrés dans le sanctuaire même des fausses divinités. — On la remplaça par une abside demi-circulaire précédée d'une partie droite plus étroite que le vestibule, et l'édifice prit ainsi la forme des basiliques constantiniennes du quatrième siècle.

La maçonnerie des parties reconstruites est irrégulière comme un travail fait à la hâte et par des ouvriers inexpérimentés ; le mortier et les moellons en sont aussi également médiocres.

La tradition populaire attribue cette transformation à saint Martin lui-même, et l'on doit convenir qu'à défaut de preuves elle a au moins pour elle d'assez graves présomptions :

La circonstance qui milite le plus en faveur de l'opinion que nous émettons, c'est que la médaille romaine — la dernière en date parmi celles trouvées dans cette ruine — est exactement contemporaine de saint Martin. Cette même médaille était aussi la dernière de celles qui accompagnaient l'*ex voto* de la Dea Bibracte trouvé — comme on sait — au fond d'un puits scellé d'une dalle, dans l'enclos du petit séminaire d'Autun[1].

Le premier établissement chrétien du Beuvray disparut à une époque difficile à préciser. On sait seulement qu'au douzième siècle, on éleva sur le même emplacement un nouvel édifice, dédié à saint Martin, qui fut ruiné vers 1570 par les soldats de Coligny, et fit place à une chapelle plus petite encore ; celle-ci s'étant écroulée peu d'années avant la Révolution, ne fut remplacée que par une simple croix de bois.

En 1851, un membre de la Société Éduenne se rendant au congrès de Nevers, traversa la route du Beuvray. S'étant détourné quelque peu pour aller visiter le plateau de la Terrasse, il trouva la croix de Saint-Martin gisante sur le sol et brisée par la vétusté.

Les membres du congrès, informés de ce fait, et soucieux de perpétuer le souvenir du passage de saint Martin sur le Beuvray, votèrent par acclamation un crédit pour l'érection de la croix de pierre qui se voit au devant de la chapelle actuelle. Cette dernière fut construite par souscription vingt ans plus tard, et Mgr Landriot, archevêque de Reims, en posa la première pierre en 1871.

Foire du Beuvray.

L'exploration des terrains autour du temple et du forum a permis — en l'absence de textes écrits — de retracer l'histoire archéologique de cette foire — la plus ancienne de France et peut-être du monde entier.

---

1 Ce puits était évidemment une cachette où furent déposés par les derniers adorateurs de la déesse Bibracte les *ex voto* du temple du Beuvray, lors de sa destruction par saint Martin.

Elle se tient encore chaque année, au premier mercredi de mai, sur un vaste emplacement dont la destination n'a jamais varié depuis l'époque gauloise. On y recueille de nombreuses pièces de cités appartenant à la Gaule, des silex taillés, des morceaux de hache de bronze, des verroteries, des fibules, des objets de toilette, des émaux, et enfin toutes espèces de fragments de poteries.

Viennent d'abord les poteries gauloises ; la céramique romaine[1] — dont les débris ne se trouvent que dans les boutiques et aux alentours du champ de foire — fait suite dans cette série par rang d'ancienneté où elle précède les poteries mérovingiennes, ardoisées, et ornementées de grillages, trouvées en grande quantité sur le même emplacement.

On arrive ainsi aux poteries carlovingiennes blanches et rayées de rouge, puis à celles du moyen âge et de la renaissance, et enfin à l'époque moderne.

Les monnaies suivent la même série qui est ininterrompue de Philippe-Auguste (1180) jusqu'à nos jours.

Ainsi, — depuis le temps où l'on taillait des silex pour en faire des flèches — toutes les générations ont laissé des traces et en quelque sorte gravé leur âge sur ce plateau célèbre. Fait unique en archéologie : car autant vaudrait, pour un géologue, trouver au même lieu la série complète des assises terrestres à partir du granit.

A l'époque gauloise, les populations accouraient en foule sur la montagne, attirées non seulement par la facilité de la vente ou de l'achat des denrées, mais aussi par la grande fête religieuse qu'on célébrait à la même époque. Les Éduens allaient porter leurs vœux — *referre vota* — à la fée nationale, la DEA BIBRACTE et jeter dans le bassin de sa source sacrée des œufs, des pièces de monnaie ou autres offrandes.

Sous la domination romaine, le Beuvray, malgré l'abandon de Bibracte, n'en fut pas moins le rendez-vous de toutes les populations d'alentour au moment de sa foire et de son pèlerinage, car les Romains — contrairement à une opinion reçue — furent très tolérants pour la religion des vaincus, *toutes les fois qu'elle ne touchait point à la politique*, et acceptèrent avec la plus grande facilité les génies des sources et des rivières, les fées des fontaines, les maires..., etc., en un mot toutes les divinités des Gaulois.

Les coutumes religieuses du pays éduen étaient d'ailleurs d'une si grande ténacité que le christianisme lui-même eut grand'peine à les détruire. Saint Éloi, au sixième siècle, défendait expressément de chômer au mois de mai ; aujourd'hui encore, nous retrouvons la trace de ces coutumes dans les pratiques superstitieuses en usage chez les paysans de nos montagnes :

Les nourrices viennent comme autrefois aux sources de la fée Bibracte — sanctifiées par les noms de Saint-Pierre et de Saint-Martin — se laver le sein avant l'aurore pour obtenir un bon nourrissage et jettent dans l'eau une pièce de monnaie ou un fromage.

Les hommes vont de même, à l'heure matinale, attacher des cordons de lisière autour de la croix et y déposer des bouquets composés de cinq espèces d'herbes magiques — à la mode des druides — pour préserver du mauvais œil leur bétail

---

[1] Parmi les débris de poteries romaines, on en a trouvé un marqué du monogramme du Christ.

ou leurs champs ; puis ils s'avancent devant la croix, le dos tourné vers elle, et jettent derrière leur épaule gauche une baguette de coudrier — l'arbre du mal[1].

On retrouve dans toutes ces pratiques les restes de traditions communes à tous les peuples issus des plateaux de l'Asie centrale.

Les forums, au moyen âge, furent détruits à une date inconnue et remplacés par de petites loges dispersées sur le même terrain.

La foire du Beuvray pendant cette période était non seulement un rendez-vous religieux, mais aussi servait de prétexte à ces sortes de plaids, dont César a cité quelques exemples chez les Gaulois.

Les seigneurs de Glux et de la Roche-Milay, possesseurs de la montagne, y réunissaient chaque année tous leurs vassaux pour en faire le dénombrement, et tenaient cour plénière.

Les fêtes se terminaient généralement par un tournoi auquel prenait part toute la noblesse des environs.

La foule avant de se livrer aux affaires se rendait à la chapelle où étaient célébrés les offices religieux, et où l'on faisait des offrandes comme au temps d'Eumène — *referunt vota templis*.

La foire du Beuvray au seizième siècle est ainsi décrite par Guy Coquille :

En la dite cime du Beuvray se tient une foire renommée par toute la France... qui représente beaucoup d'antiquité car elle se tient chacun an le premier mercredy du mois de may.

Au temps du paganisme les marchands soulaient sacrifier et faire leurs vœux a Maja déesse fille d'Atlas, et à Mercure son fils, en ce mois de may, pour avoir leur faveur au trafic de leurs marchandises. Le mois de may est dit *majus*, en l'honneur de la dite Maja du temps des Romains, ainsi que dit Ovide au cinquième livre des Fastes ; Mercure était le dieu des marchands comme se voit au prologue de la comédie de Plaute, *Amphytrion*. Et on voit encore aujourd'huy que cette foire est à jour de mercredy dit de *Mercure* et au mois de may dit de *Maja*.

De nos jours, quoique singulièrement déchue, cette foire subsiste encore ; elle est même l'occasion, entre les paysans, de rixes parfois sanglantes, car on s'ajourne au premier mercredi de mai pour vider en champ clos les anciennes querelles sur le sommet de la Terrasse.

PARC AUX CHEVAUX.

Il commence aux pentes inférieures de la Terrasse et se prolonge jusqu'au *Theureau de la Roche* entre les vallées de la Goutte-Dompierre et de l'Écluse.

Des fouilles pratiquées sur ce plateau, au début des explorations, par M. le vicomte d'Aboville, ont mis à jour les substructions de plusieurs maisons construites avec un certain luxe, et renfermant même des mosaïques, — bien qu'on n'y ait trouvé que des médailles gauloises.

---

1 Voir, pour plus de détails, *Le culte des eaux sur les plateaux éduens*, par M. J.-G. Bulliot. (*Collection des mémoires lus à la Sorbonne*, 1867, archéologie, p. 11.)

On rencontra dans ces fouilles les aqueducs et les premières salles d'une vaste habitation, dont les proportions dépassent tout ce qui a été découvert jusqu'à ce jour au mont Beuvray.

Cette maison — dite du Parc-aux-Chevaux — est construite sur le plan des maisons romaines, mais nous n'hésitons pas à l'attribuer aux derniers temps de l'indépendance de la Gaule, car on y a trouvé quarante médailles gauloises et pas une seule médaille de l'empire.

Elle se compose — comme les maisons luxueuses de l'antiquité — d'un atrium entouré de couloirs ou *foaces* qui desservent les appartements distribués sur les quatre faces.

Pendant les trois années qu'ont duré les fouilles de ce vaste bâtiment, on chercha inutilement l'entrée principale aux trois parties les mieux exposées, sud, est, ouest, et c'est avec surprise qu'à la fin du travail on la découvrit en plein nord dans des conditions qui prouvent que nos aïeux étaient aguerris contre les intempéries des saisons et la rudesse de l'*Iliems gallica*.

On accédait au seuil par des marches de granit conduisant à un petit vestibule couvert, qui débouchait lui-même sur une cour ; d'autres cours s'étendaient à droite et à gauche et étaient entourées de dépendances considérables.

Les appartements — dans plusieurs desquels on a reconnu des traces de mosaïque, des carrelages carrés et triangulaires en schiste ou formés par des briquettes posées sur champ et imitant la feuille de fougère, comme nos parquets, des traces de placage en calcaire oolithique autour des pieds-droits des portes, des cheminées aux *brasseros* en briques parfaitement construits... — font de cette maison une sorte de petit palais dont il nous est impossible de préciser la destination, mais que nous oserions presque attribuer au vergobret si nous avions l'assurance que ce magistrat suprême — pris dans toutes les parties de la cité indistinctement — avait à Bibracte une résidence fixe. Dans cette hypothèse, il faudrait admettre que les Gaulois possédaient des bâtiments publics.

Une belle source, située dans l'arrière-cour, et qui, depuis s'est fait jour par dessous le massif de glaise sur lequel repose l'habitation, va former la fontaine du *Loup-Bourrou*, qui sort à 150 mètres plus loin, et conserve encore aujourd'hui une partie de sa voûte gauloise construite en tuileaux et en terre glaise.

Le bâtiment dont on vient de parler — établi dans une anfractuosité qui le mettait à l'abri des coups de vent et de la foudre — était adossé du côté du levant aux pentes que coupe la grande voie du Rebout et situé le long d'une chaussée empierrée, non encore explorée.

Au nord et à l'ouest s'étendent de vastes espaces couverts de ruines, principalement dans le bois dit *des Queudres*, et à la pointe du *Theureau de la Roche*.

Entre ce mamelon et le rempart se dresse le rocher de la *Pierre-Salvée*. L'analogie de ce rocher avec la *Pierre de la Wivre* permet d'y voir une tribune de justice.

Au sud de ce quartier jusqu'à la fontaine Saint-Pierre et même au-delà, les mouvements du terrain indiquent d'autres ruines où quelques sondages ont été pratiqués : on y a découvert entre autres une vaste écurie dont les cases — au nombre de quatre-vingts — formées par des poteaux carbonisés, à un mètre de distance les uns des autres, devaient servir non à des chevaux mais à des bœufs, — pour qui cet espace était suffisant. L'aire d'une grande cheminée demi-circulaire de 1m 70 de diamètre, composée d'un béton de tuileaux et de terre glaise dur comme la pierre, de 0m 80 d'épaisseur, a été trouvée derrière cette écurie.

La fontaine Saint-Pierre, située à quelques pas de là, se répand dans un espèce de massif bétonné, entouré de murs, et dans lequel on a trouvé un grand nombre de tuiles à rebords provenant — selon toute apparence — de la chute d'une toiture de lavoir.

LE CHAMPLAIN.

A droite de l'entrée de l'oppidum s'élève un mamelon triangulaire compris entre le rempart et les vallées de l'Écluse et de la Come-Chaudron.

Une voie longeant le retranchement conduit à un petit plateau rocheux escarpé de trois côtés, et dominé par un monticule dont il n'est séparé que par une esplanade demi-circulaire.

Au centre du plateau s'élève un bloc de quelques mètres de hauteur, taillé — disent les géologues — par la main de l'homme, et ménagé dans la masse d'un roc aplani qui forme l'aire environnante.

C'est la *pierre de la Wivre*. Elle recouvre — suivant la légende — un trésor accessible seulement dans la nuit de Noël — où la pierre, à l'heure de minuit, fait une révolution sur elle-même.

Le sommet, auquel on accède par une rampe étroite, est rasé à l'avant en forme de siège ; à l'arrière est une excavation ordinairement remplie d'eau pluviale et désignée dans le pays sous le nom de *Fontaine des Larmes*. Ces traditions, rapprochées de la disposition singulière du lieu, lui donnent un intérêt historique qu'il est impossible de méconnaître : la légende du trésor rappelle le *locus consecratus* — dont parle César — si fréquent dans les cités gauloises, où les populations déposaient en plein air leurs offrandes aux génies et aux dieux sous la garde du serpent sacré[1].

Le plateau, d'autre part — grâce à son escarpement isolé, et son inclinaison sur toutes faces qui facilite l'écoulement des eaux — se prête mieux que tout autre point de l'*oppidum* à la réunion d'un corps délibérant.

Abrité par sa situation de l'oreille des curieux, ce *locus consecratus* — qui dans toutes les cités antiques était celui du conseil — est pour nous la salle en plein air du sénat gaulois. Elle pouvait contenir facilement plus de 500 personnes — chiffre auquel César évalue le nombre des chefs d'une des grandes cités de la Gaule.

____

1 Le nom conservé à telle pierre se prête de lui-même à notre interprétation: la wivre est un serpent fantastique.
La Fontaine des Larmes a une signification analogue : dans le Morvan, l'usage de prêter serment sur certaines pierres paraît avoir existé de tout temps, et l'on admettait jadis que quand un parjure étendait la main la pierre suintait de l'eau.
En Bretagne, les Kerguelvans ou pierres des larmes sont très communes, et on leur attribue la même vertu.
La Fontaine des Larmes se retrouve du reste dans un grand nombre d'*oppidum* gaulois, parmi lesquels nous pouvons citer le mur païen de la montagne de Sainte-Odile (Alsace).

L'hémicycle aplani, dont nous avons parlé, séparé du lieu du *concilium* par une levée de terre assez prononcée, était destiné vraisemblablement à loger les chariots des chefs et leurs chevaux, qui, pendant le conseil — d'après les lois les plus anciennes des tribus celtiques — devaient rester attachés au piquet[1].

Toute cette partie de l'oppidum était inhabitée. On n'a rencontré autour du monticule qu'une seule maison dans laquelle fut trouvé un vase couvert d'ornements gaulois.

Les habitations n'existaient que dans la partie orientale voisine de la grande voie de la Croix du Rebout. La plupart étaient possédées par des artisans — notamment des fabricants de bronze dont les creusets et les scories ont été recueillis en grande quantité ; on a trouvé de distances en distances des cases funéraires — renfermant jusqu'à 50 ou 60 amphores — qui appartenaient — ainsi qu'on a pu le constater depuis — aux différents corps de métier occupant cette région.

Ces trois vallées sont suivies chacune par un ruisseau où vont se réunir, par bassins respectifs, les vingt-deux sources comprises dans l'intérieur de l'enceinte.

Une seule de ces vallées — celle de la Come-Chaudron — a été suffisamment explorée pour qu'on puisse en parler ici :

Le quartier de la Come-Chaudron, parallèle à celui du Champlain, est situé à gauche de la grande voie, et se compose d'une partie supérieure légèrement inclinée à l'est et d'une vallée profonde traversée par un faible ruisseau. Les régions fouillées le plus complètement sont à l'entrée même de la place et servaient de demeure exclusive à des métallurgistes.

Le premier établissement était une fonderie, où, dans de petits fours bien construits, on extrayait le fer directement par la méthode catalane. Plus loin, des forges isolées, creusées dans le sol et munies de buses en terre réfractaire, assez semblables aux nôtres, un grand atelier de forgerons de 47 mètres de long, de vastes hangars construits avec des charpentes et de la terre battue ont offert partout les débris de la sidérurgie dans toutes ses variétés. Les habitations, sur la pente de la vallée, enterrées de deux mètres à l'arrière et de plain-pied à la façade, étaient construites, la plupart du temps, en pisé et en poteaux fixés dans le sol ; les parties enfouies étaient seules en maçonnerie de pierres sans chaux, quelques-unes même cloisonnées avec de simples planches. C'est dans ces réduits, espèces de tanières, où le soleil ne pénétrait que par la porte, quand elle n'était point abritée sous un auvent, que les fabricants de Bibracte exerçaient leurs industries, parmi lesquelles une des plus curieuses est celle de l'émaillerie. Le travail des émaux, qui confine à l'art, apparut pour la première fois au centre de la Gaule, avec des dates certaines, lors des fouilles de la Come-Chaudron, en 1869 ; car, on ne mit point seulement à jour quelques échantillons isolés, mais tout un centre de fabrication, dont les ateliers — comme

---

1 Le *Senchus-Mor*, recueil de lois irlandaises dont quelques-unes remontent à deux siècles avant l'ère chrétienne, porte entre autres: Celui qui coupe la bride d'un chef pendant le conseil doit payer la valeur des dommages d'honneur aux sept plus nobles personnages de la réunion. — Celui qui mine le tertre appelé lieu d'assemblée devra remplir de lait le trou qu'il aura fait.

dans certaines fouilles de Pompéi — n'auraient paru fermés que de la veille, si l'état d'altération d'un grand nombre d'objets n'eût témoigné d'un long séjour au sein de la terre.

Les ustensiles gisaient pêle-mêle, les fours étaient encore remplis de charbon ; à côté de spécimens complètement terminés, on en voyait d'autres à peine ébauchés, d'autres en pleine période de fabrication ; tout autour, des fragments d'émail brut, des creusets de terre, des grès à polir, une quantité considérable de déchets, des bavures, des rognures provenant de la taille ; des coques vitreuses qui conservaient l'empreinte des dessins du bronze, et, par-dessus tout, le témoin même des opérations, c'est-à-dire la médaille[1].

Le procédé, employé par les Gaulois pour émailler les bronzes, diffère peu du travail de la niellure, dans lequel les populations du Caucase ont excellé de tout temps.

Il consistait à graver des traits ou des dessins sur la pièce à décorer, puis à la recouvrir uniformément, sur toute sa surface, d'une couche d'émail dont on enlevait ensuite l'excès à l'aide de pierres de grès et de polissoirs.

Un assez grand nombre de ces émaux primitifs de la Gaule ont été trouvés au Beuvray et déposés dans les vitrines du musée de Saint-Germain-en-Laye ; ce sont — pour la plupart — des bossettes, des clous-ornements, des fleurons..., etc., en un mot, des objets relatifs à l'attelage et au harnachement, incisés de tailles profondes remplies d'émail rouge.

Les lignes parallèles ou brisées, les chevrons, les feuilles de fougères et les quadrillés qui composent le dessin de ces émaux ont un caractère purement gaulois. L'ornementation est la même que celle qu'on voit figurer sur le bouclier du guerrier gaulois dont la statue est au musée d'Avignon. Il est donc de toute vraisemblance que les couleurs mentionnées par les écrivains et dont nous avons parlé plus haut comme resplendissant sur les boucliers des chefs gaulois, n'étaient autres que des émaux.

---

1 Voir pour plus de détails l'*Art de l'Émaillerie chez les Éduens avant l'ère chrétienne*, par MM. J.-G. Bulliot et Henry de Fontenay, Autun, 1875.

IV. — EXTÉRIEUR DE L'OPPIDUM.

Nous ne citerons que pour mémoire différentes lignes de retranchements échelonnés sur les flancs de la montagne.

En-dehors de l'oppidum, quelques plateaux placés sur les contreforts, devaient être occupés au moins en temps de guerre. Ils n'ont point été explorés.

On sait que dans le système gaulois chaque tribu faisait bande à part. Ainsi César rapporte, qu'autour de Gergovie, les Gaulois avaient couvert la montagne de camps particuliers : *Galli usque ad murum oppidi collem compleverant.*

Ce mode de campement n'a rien que de très naturel, si l'on songe que les oppidum étaient un lieu de refuge universel et que l'occupation des mamelons était nécessaire pour garantir les abords de la place.

Tels étaient à Bibracte : le mont Glandure au N., le Plat des Gaulx à l'E., le Ceris et le mont Audué au S. qui forment une longue et étroite chaussée dominant d'une part la vallée de Malvaux, et la route taillée dans le roc qui longe cette vallée, et de l'autre les voies et passages qui conduisent à l'oppidum du côté du sud-est.

La chaussée se termine par un promontoire qui commande la vallée de la Roche-Milay et le cours de la Séglise. C'est au milieu de cette crête qu'est situé le rocher dit du *Pas de l'âne*, au sommet duquel se trouve une petite excavation ordinairement remplie par les eaux pluviales.

Cette cuvette qui — selon toute apparence — était l'objet d'une vénération particulière chez les Gaulois a été transformée, par la légende chrétienne en une empreinte du pas de l'âne de Saint-Martin.

L'apôtre, poursuivi jusqu'en ce lieu par les païens, aurait fait franchir d'un bond à sa monture toute la vallée de Malvaux, et serait allé s'abattre au *Foudon*, où l'on montre une autre pierre de Saint-Martin.

Les villageois attribuent à l'eau qui séjourne dans le creux du rocher, la même vertu qu'à celle de la fontaine St-Pierre. On s'en sert comme d'un préservatif contre les fièvres, et il n'est pas rare d'y rencontrer des pièces de monnaie, des œufs ou autres offrandes. Les pauvres seuls ont le droit d'y toucher ; car celui qui, sans nécessité, y porterait la main, prendrait la maladie dont a été guéri le donateur.

FIN